Primera edición:
febrero, 2013

© Violeta Monreal, 2013
© Grupo Anaya, S.A., Madrid, 2013
Juan Ignacio Luca de Tena, 15
28027 Madrid
www.anayainfantilyjuvenil.com
e-mail: anayainfantilyjuvenil@anaya.es

Diseño:
Óscar Muinelo

ISBN: 978-84-678-4036-0
Depósito legal: M-2260-2013
Impreso en España - Printed in Spain

Reservados todos los derechos. El contenido de esta obra está protegido por la Ley, que establece penas de prisión y/o multas, además de las correspondientes indemnizaciones por daños y perjuicios, para quienes reprodujeren, plagiaren, distribuyeren o comunicaren públicamente, en todo o en parte, una obra literaria, artística o científica, o su transformación, interpretación o ejecución artística fijada en cualquier tipo de soporte o comunicada a través de cualquier medio, sin la preceptiva autorización.

PREGUNTAS Para mentes despiertas

Violeta Monreal

¿Qué te hace FELIZ?

ANAYA

«El pato es feliz en su sucio charco porque no conoce el mar».
Antoine de Saint-Exupéry

¿Qué es la **felicidad** para ti?

La felicidad es un sentimiento de origen desconocido.

Es placer.

No. El placer es superficial, la felicidad es más profunda.

Puede situarse en el corazón o en la cabeza. O en los dos sitios al mismo tiempo.

Cuando eres feliz, las cosas se ven de otra manera.

Pero no de color rosa, como dice la gente.

La felicidad es estar de buen humor y no pensar en cosas malas ni tristes.

La felicidad es muy delicada. Aparece y desaparece cuando menos te lo esperas.

La felicidad es lograr cosas, sentirte querido y, también, importante.

La felicidad es sentirse a gusto.

La felicidad se puede buscar.

Esto no significa que siempre la encuentres, pero hay que intentarlo.

Mi nombre es ADELA.
Nací en MARÍN,
Pontevedra.

¿Qué te hace **feliz**?

Soy feliz cuando en un examen
me ponen un diez.
Cuando soy la única en sacar un diez
y la profesora me da la enhorabuena.
Cuando mis amigos me admiran.
Cuando llego a casa, lo cuento
y mis padres se ponen contentos.
Y soy feliz cuando me dicen:
«Estamos orgullosos de ti».

Soy feliz **cuando me admiran.**

¿Se puede ser feliz y no saberlo?

Mi nombre es ENEKO.
Nací en SANTANDER.
Vivo en BILBAO.

¿Qué te hace **feliz**?

Me siento feliz cuando soy útil,
cuando lo que hago sirve para algo.
Soy feliz cuando voy al pueblo,
confían en mí
y me dejan cuidar a la abuela.
Cuando me dejan quedarme con ella,
prepararle la merienda
y darle la medicina.

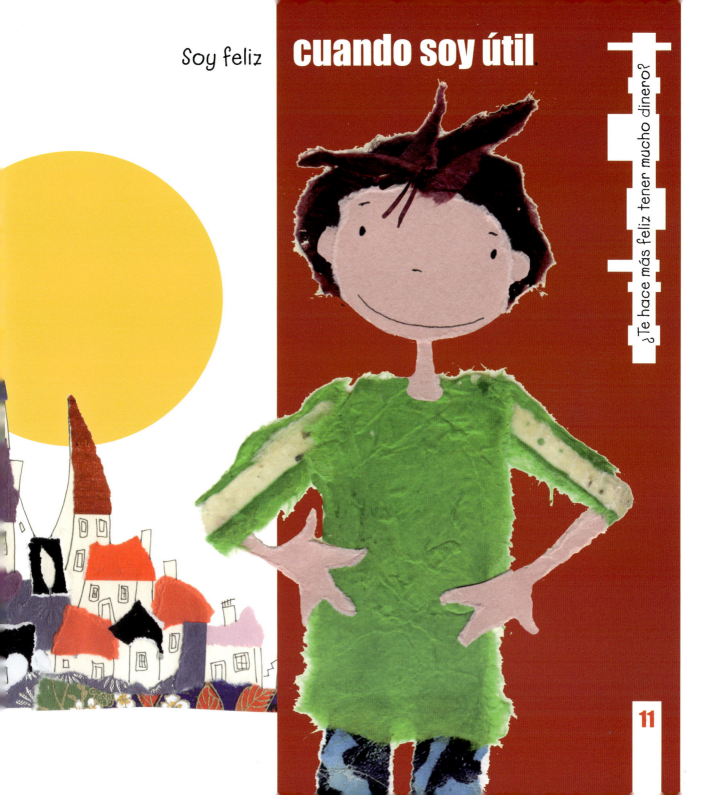

Soy feliz **cuando soy útil**.

¿Te hace más feliz tener mucho dinero?

11

Mi nombre es YAGO.
Nací en SEGOVIA.
Vivo en ZAMORA.

¿Qué te hace **feliz**?

Soy feliz cuando me compran cosas,
cuando me regalan juguetes,
cuando juego con mi castillo.
Soy feliz el día de mi cumpleaños
   o cuando vienen los Reyes Magos.
      Soy feliz jugando con mis juguetes.
      El problema es que a mí
         la felicidad no me dura mucho.

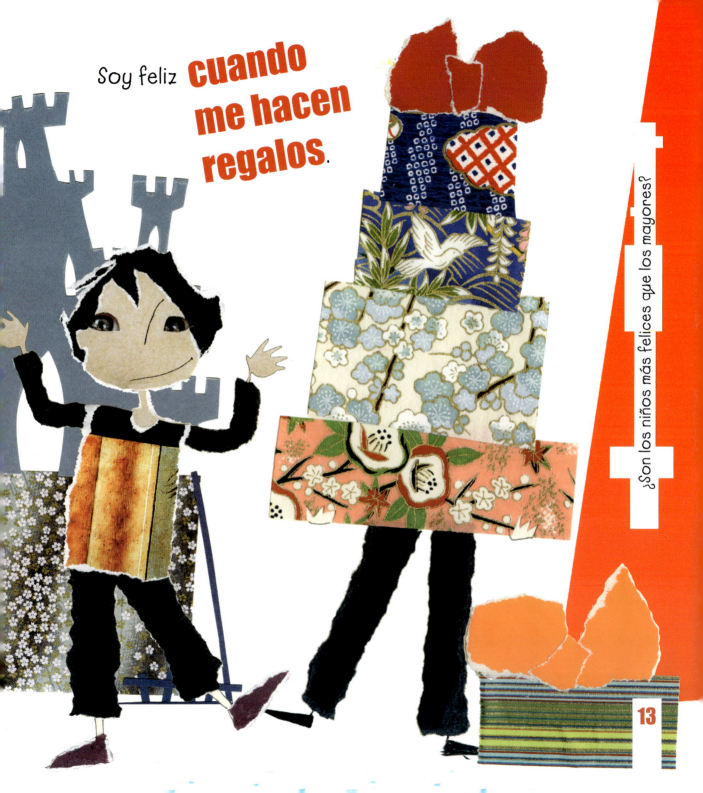

Soy feliz **cuando me hacen regalos**.

¿Son los niños más felices que los mayores?

Mi nombre es REBECA.
Nací en BRASIL.
Vivo en BARCELONA.

¿Qué te hace **feliz**?

Soy feliz cuando papá y mamá están juntos.
Sé que ya no lo están, pero en mi cumpleaños
salimos a comer los tres.
Yo pido todo lo que quiero,
y me dejan repetir.
Soy feliz cuando papá y mamá hablan,
 aunque solo sea el día de mi cumpleaños,
  y me preguntan por mis cosas,
   como si siguiéramos siendo una familia.

Soy feliz **cuando papá, mamá y yo estamos juntos**.

¿Se puede medir la felicidad?

15

Me llamo SANDRO.
Nací en FRANCIA.
Vivo en GUIJUELO,
Salamanca.

¿Qué te hace **feliz**?

Soy feliz cuando corro,

cuando salimos al patio a hacer gimnasia

o cuando, en el recreo, se organiza un partido.

También cuando mis amigos quieren que juegue en su equipo,

porque saben que juego bien y meto goles.

Soy feliz cuando en una carrera llego el primero.

Soy feliz cuando corro en el campo

y no me canso.

Soy feliz **cuando hago deporte**.

¿Qué hay que hacer cuando no somos felices?

Me llamo NAHIR.
Nací SIRIA.
Vivo en MULA,
Murcia.

¿Qué te hace **feliz**?

Yo soy feliz comiendo.

Me gusta comer chocolate,

me gustan las chuches y el regaliz.

También me gusta lo salado.

El momento más feliz del día es

cuando pongo la mesa

y nos sentamos juntos a cenar

¡arroz con huevo frito y salsa de tomate!

¿Se puede ser completamente feliz?

Soy feliz **en todas las comidas del día**.

Mi nombre es DENISA.
Nací en MÉXICO.
Vivo en CUENCA.

¿Qué te hace **feliz**?

Soy feliz cuando me acuesto.

Soy feliz cuando sueño

con mundos fantásticos.

Cuando mamá me tapa la cara

para colocarme bien la sábana y la manta;

cuando papá me da un beso;

cuando los dos me dicen buenas noches

y después los oigo hablar en la sala.

¿Qué sueño me tocará soñar esta noche?

Mi nombre es VALENTÍN.
Vivo en DAIMIEL,
Ciudad Real.

¿Qué te hace feliz?

Dicen que soy pequeño.

Dicen que ella es solo mi amiga.

Dicen que a mi edad

no se tiene novia.

¡Los mayores dicen tantas cosas!

Pero yo soy feliz cuando hablo con ella,

soy feliz cuando me mira,

soy feliz cuando me siento a su lado.

¿Qué se puede hacer para que la felicidad dure siempre?

Soy feliz **porque estoy enamorado**.

Mi nombre es ROCÍO.
Nací en ÁVILA.
Vivo en COLMENAR VIEJO.
Madrid.

¿Qué te hace **feliz**?

Soy feliz cuando es viernes,

cuando llego a casa y meriendo

y tengo el fin de semana ¡entero! para jugar.

Soy feliz el día que nos dan las vacaciones de verano,

que parece que no se van a terminar nunca.

O cuando nos dan la vacaciones de Navidad,

porque me gusta dormir y no madrugar.

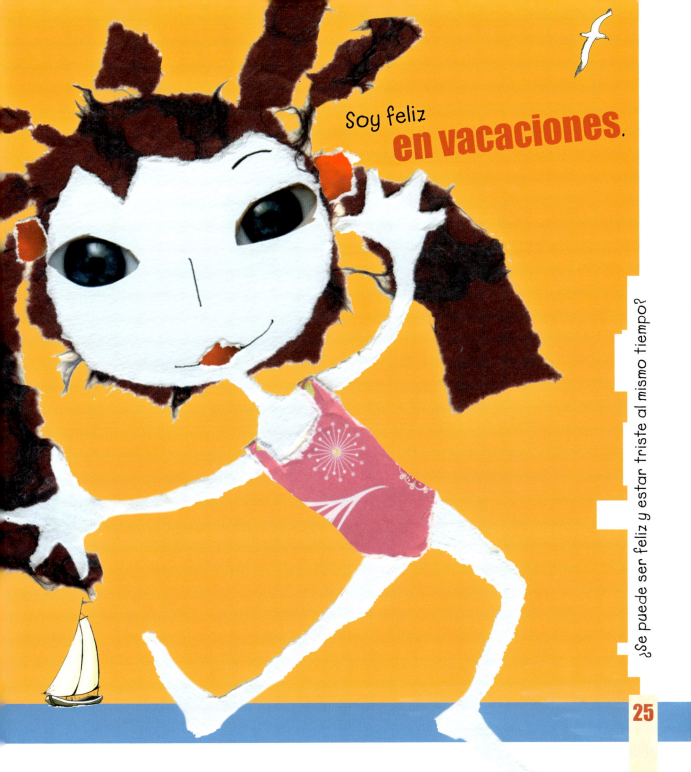

Soy feliz **en vacaciones**.

¿Se puede ser feliz y estar triste al mismo tiempo?

Mi nombre es MARTA.
Nací en SEGORBE,
Castellón.

¿Qué te hace **feliz**?

Soy feliz cuando me dan sorpresas.
Soy feliz cuando nos vamos de viaje
a una ciudad distinta.
Soy feliz cuando salimos de paseo
o vamos al zoo, al parque de atracciones,
al cine o al supermercado.
Sobre todo, soy feliz cuando comemos
en un restaurante con mantel de tela.

Soy feliz **cuando salimos de casa**.

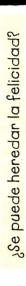

¿Se puede heredar la felicidad?

Me llamo CÉSAR.
Nací en ALBANIA.
Vivo en CÁDIZ.

¿Qué te hace **feliz**?

Soy feliz cuando pienso en mis amigos,
los del colegio y los que están lejos.
Soy feliz cuando estoy con ellos,
aunque nos enfademos a veces.
Cuando les cuento mis cosas, cuando me escuchan,
cuando salimos al recreo, cuando se vienen a casa
y nos metemos en mi habitación
a «estudiar»...

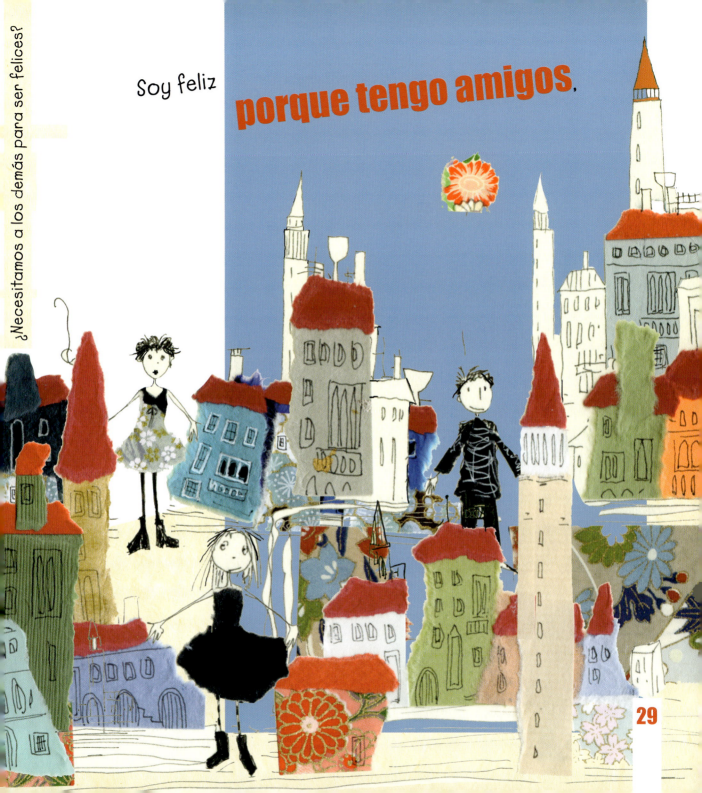

¿Necesitamos a los demás para ser felices?

Soy feliz **porque tengo amigos**,

29

Me llamo LIONEL.
Nací en GRECIA.
Vivo en CASTROPOL,
Asturias.

¿Qué te hace **feliz**?

Yo soy feliz cuando nado,
cuando me meto en la bañera,
cuando me mojo bajo la lluvia,
cuando veo el mar,
cuando buceo en las rocas,
o me quedo varado
como una ballena en la orilla.
Me siento feliz nadando,
bajo el agua, abriendo los ojos.

¿Es verdad que la felicidad y la infelicidad están en el corazón?

Soy feliz
en el agua.

¿Cuándo te sientes infeliz?

Cuando no puedo controlar las cosas.

Cuando se fastidian los planes.

Cuando no tengo hechos los deberes.

Cuando pierdo algo.

Cuando no sé qué hacer.

Cuando no me comprenden.

Cuando no me escuchan.

Cuando no me quieren.

Cuando no me dan lo que quiero.

Cuando pienso en la muerte.

Cuando me obligan a hacer algo.

Cuando me pongo enfermo.

Cuando me siento solo.

Cuando me despiertan por la mañana.

Cuando llueve.

Cuando se acaban las vacaciones.

¿Qué frase te hace más **feliz**?

Muy bien.
Qué mayor eres.
Estás muy guapo.
Te quiero.
¡A la mesa!
Buenas noches.
Que descanses.
Estoy orgullosa de ti.
Eres muy buena.
Tengo una sorpresa.
Te ha quedado perfecto.
Lo haces genial.
¿Quieres un helado?

¿Qué consejo darías a los mayores para ser más **felices**?

Y tú, ¿**qué piensas**?

Nombre: LUCAY

Edad: 7

¿Dónde vives? Barcelona

¿De dónde son tus padres? Brazil

Haz un dibujo de lo que te hace feliz.

1. ¿Qué es la **felicidad** para ti?

2. ¿Qué te hace **feliz**? ¿Por qué?
(Piensa lo que más te gusta de tu vida, de tu mundo, lo que te hace sentir bien, lo que te divierte, lo que te alegra...).

3. ¿Cuándo te sientes **infeliz**?

4. ¿Qué consejo darías a los mayores para ser más **felices**?

5. ¿Qué palabras te hacen más **feliz**?

6. ¿Qué preguntarías a un sabio que lo sabe todo sobre la **felicidad**?

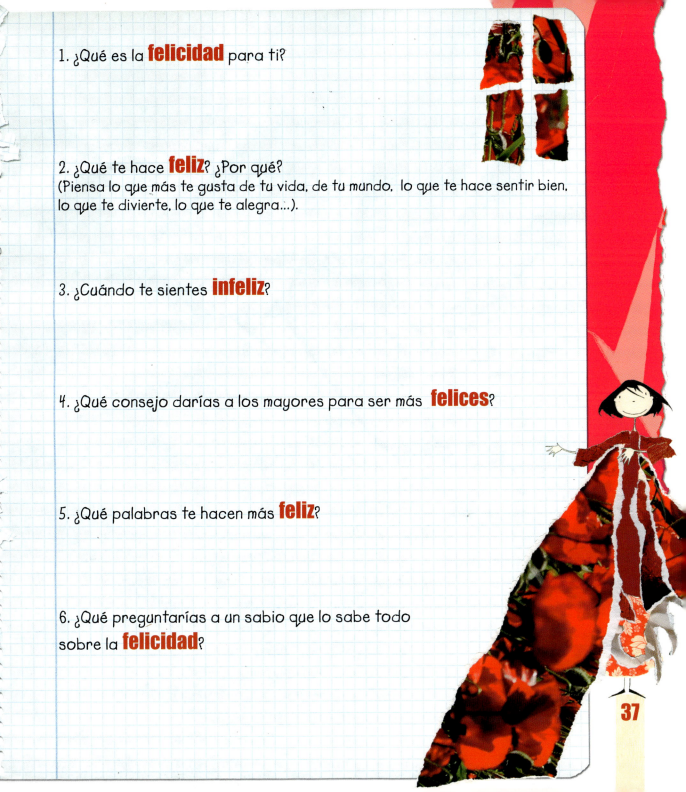